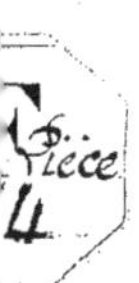

CHAMBRE DE DISCIPLINE DES NOTAIRES

DE L'ARRONDISSEMENT DE LYON

INSTRUCTIONS

DE LA

CAISSE DES DÉPOTS & CONSIGNATIONS

RELATIVES

AUX VERSEMENTS ET AUX RETRAITS

PRESCRITS PAR

Les Décrets des 30 Janvier et 2 Février 1890

LYON

IMPRIMERIE MOUGIN-RUSAND

3, RUE STELLA, 3

1890

CIRCULAIRE

DE

M. LE DIRECTEUR GÉNÉRAL

A MM. les Préposés de la Caisse

Paris, le 21 avril 1890.

Monsieur,

Aux termes d'un décret du 30 janvier 1890 (annexe nᵒ 1), rendu sur le rapport de M. le Garde des Sceaux, les notaires doivent verser à la Caisse des dépôts et consignations, dans les délais déterminés, et sous la surveillance des chambres de discipline, les sommes qu'il détiennent pour le compte de tiers à quelque titre que ce soit.

Un second décret du 2 février suivant (annexe nᵒ 2) a pourvu au règlement des formalités spéciales nécessaires pour le dépôt et pour le retrait des sommes ainsi versées par les notaires en compte courant à la Caisse des dépôts et a indiqué notamment, de la façon la plus détaillée, la forme des autorisations de payement sur la production desquelles doivent être effectués les remboursements.

En exécution de ce décret, j'ai établi le modèle du carnet à souche d'où seront détachées ces autorisations de payement, et en outre, à la date du 14 février, j'ai pris, après avis de la commission de surveillance, un arrêté qui a reçu l'approbation de M. le Ministre des finances, afin de déterminer les conditions des comptes courants ouverts aux notaires qui ne sont pas prévues dans le décret du 2 février et, en particulier, le taux de l'intérêt à bonifier à ces comptes.

Les dispositions des deux décrets et de l'arrêté susvisés sont applicables à partir du 1ᵉʳ juillet 1890.

J'ai, en conséquence, l'honneur de vous transmettre les instructions relatives à ce nouveau service et de vous indiquer, ci-après, la marche à suivre pour la réception et le remboursement des sommes déposées à votre caisse, ainsi que pour la tenue des écritures auxquelles ces opérations donneront lieu.

Dès maintenant, et afin que les dépôts et les retraits de fonds puissent être effectués à partir du 1er juillet prochain, je vous prie de vouloir bien vous mettre en relations avec le Président de la chambre des notaires de votre arrondissement, en vue des renseignements dont il aurait besoin pour l'exécution, vis-à-vis de la Caisse des dépôts et consignations, des décrets des 30 janvier et 2 février derniers.

§ 1er. Dispositions générales du décret du 2 février 1890. — Sommes qui peuvent être versées par les notaires. — Le décret du 2 février 1890 a réglementé les formalités du dépôt et celles du retrait des fonds en les simplifiant le plus possible et de telle sorte qu'aucune difficulté ni même aucun retard appréciable ne sont à prévoir dans la pratique des affaires. Vous aurez à faire une étude très attentive du texte de ce décret ; la présente circulaire ne fait qu'en développer les dispositions qui concernent les préposés.

Vous devrez d'ailleurs, dans l'application des prescriptions qui vont suivre, ne pas perdre de vue que la Caisse des dépôts et consignations est uniquement chargée de recevoir, conserver et restituer les sommes qui lui seront déposées sans avoir à s'immiscer dans le contrôle dont les chambres de discipline ont seules la responsabilité. Vous n'aurez donc jamais à vous occuper de l'origine des fonds versés par les notaires qui sont et restent seuls titulaires des comptes à leur nom ; il s'ensuit que les seules significations pouvant être reçues par vous sur les dépôts seront celles des créanciers personnels des notaires.

Vous remarquerez, d'un autre côté, que si l'article 2 du décret du 30 janvier 1890 impose aux notaires l'obligation de déposer à leur compte courant, dans un délai maximum de six mois, les sommes qu'ils détiennent pour le compte de tiers à quelque titre que ce soit, il ne s'oppose pas à ce que des versements soient effectués dans un délai plus court. Ces officiers ministériels peuvent donc user de la faculté qui leur est accordée en effectuant immédiatement le versement de tous les fonds qui leur sont remis.

§ 2. **Intérêts et époques de valeur des comptes**. — L'intérêt bonifié aux comptes courants des notaires a été fixé par mon arrêté du 14 février 1890 à 2 0/0 l'an. Ces comptes seront crédités des versements valeur au dernier jour de la dizaine pendant laquelle les dépôts seront effectués et débités des remboursements valeur au premier jour de la dizaine pendant laquelle le retrait sera opéré.

Les intérêts seront capitalisés au 31 décembre de chaque année; dans le courant de l'année, vous n'auriez à liquider et payer les intérêts que sur une demande spéciale et pour un compte soldé intégralement (D. art. 12).

Les modifications qui seraient apportées dans l'avenir aux conditions qui viennent d'être indiquées seront applicables aux dépôts antérieurement reçus quinze jours après l'avis donné aux chambres de discipline. En outre, les nouvelles conditions seraient publiées par voie d'affiches apposées dans les bureaux des préposés de la Caisse des dépôts et consignations.

§ 3. **Ouverture des comptes et versements**. Tout notaire pourra se faire ouvrir à son nom à la Caisse des dépôts et consignations un compte courant auquel seront reçues toutes les sommes qu'il déclarera vouloir déposer en exécution des décrets précités.

En règle générale, les notaires doivent faire leurs versements à la caisse du préposé de l'arrondissement dans lequel ils ont leur résidence. (D. Art. 1er.) Cependant, la chambre de discipline peut autoriser un notaire à effectuer ses dépôts à la recette des finances d'un arrondissement voisin, soit du même département, soit d'un autre département. Dans ce cas, il sera remis au préposé de la Caisse des dépôts, lors du premier versement, une autorisation délivrée snr papier libre par le président de la chambre de discipline.

Chaque notaire ne doit être titulaire que d'un seul compte auquel figurent tous les versements effectués par lui ou en son nom. Ce compte recevra, au moment du premier versement, un numéro d'ordre déterminé, dans chaque recette des finances, par le rang dans lequel les notaires se feront ouvrir leurs comptes respectifs.

Vous aurez à donner immédiatement avis de l'ouverture du compte à la chambre de discipline de laquelle relève le notaire, en indiquant le numéro du compte à reproduire sur le carnet d'autorisations de payement décrit sous le parapraphe 6 ci-après.

§ 4. **Bulletins de versement**. D'après l'article 2 du décret du 2 février 1890, les notaires doivent remettre au préposé de la Caisse des dépôts et consignations, lors de chaque versement, un bulletin destiné à la chambre de discipline et mentionnant l'affaire ou les affaires donnant lieu au versement.

Vous n'aurez pas à vous occuper des indications et mentions portées sur les bulletins de versement; la Caisse des dépôts doit en effet rester étrangère à ces énonciations qu'elle ne relate ni dans ses écritures, ni dans les récépissés délivrés aux parties versantes; elle reçoit lesdits bulletins uniquement pour les remettre à la chambre de discipline dont relève le notaire (D. Art. 2).

Vous devrez donc simplement vous entendre avec la chambre de discipline pour que ces bulletins, destinés à assurer son contrôle, soient tenus chaque jour à sa disposition. Dans le cas où leur envoi occasionnerait des frais, ils seraient à la charge des notaires et portés au débit de leurs comptes; le montant de la dépense ainsi constatée serait justifié par une quittance motivée souscrite par le préposé.

§ 5. **Récépissés**. Chaque versement donnera lieu à la délivrance d'un récépissé à talon établi, au nom du notaire, dans les conditions déterminées par les articles 1 et 7 de la loi du 24 avril 1833 (modèle n° 1). Ce récépissé indiquera seulement le nom du notaire déposant et la somme versée, sans contenir aucune mention relative à l'origine des deniers. (D. Art. 3.)

§ 6 **Du carnet d'autorisations de payement**. Pour faciliter les retraits, l'article 11 du décret du 2 février 1890 a prescrit l'établissement de carnets à souche et à talon dont vous trouverez ci-après le modèle (modèle n° 2).

Chaque formule comprend une souche, une autorisation de payement et un talon divisé en deux parties : la première contient la formule de l'avis préalable à adresser au préposé ; la seconde dite bulletin de retrait, est destinée à la chambre des notaires. Le nom du notaire titulaire du compte courant, le numéro de ce compte, et une suite continue de numéros sont reproduits à l'encre grasse sur la souche, sur l'autorisation de payement et sur les deux parties du talon. (D. art. 5, 8 et 11).

Les autorisations de payement, tombant, au point de vue du timbre sous l'application des articles 18 de la loi du 23 août 1871 et 8 de la loi du 19 février 1874, seront soumises au timbre à l'extraordinaire, au droit de 0 fr. 10 c., avant leur envoi aux chambres. Lorsqu'elles seront émises d'une ville autre que celle où le payement en sera effectué elles seront assujetties à un droit de timbre additionnel de 0 fr. 10 c. qui peut être acquitté au moyen d'un timbre mobile de pareille somme.

§ 7. **Remise des carnets d'autorisations de payement aux chambres de discipline**. Les carnets contiendront 5, 10, 25 ou 50 formules. Ils seront fournis par la Caisse des dépôts, aux chambres de discipline à charge de remboursement (D. Art. 11).

Tous les ans, au mois de septembre, les chambres de discipline feront connaître à la Caisse des dépôts, par l'entremise du receveur des finances de leur arrondissement, le nombre de carnets qui leur sera nécessaire pour l'année suivante. Les demandes seront centralisées par le trésorier-payeur général, qui les adressera en un seul envoi pour l'ensemble du département. Au besoin, des commandes supplémentaires pourront être faites dans le courant de l'année.

La commande de carnets pour l'année 1890 devra parvenir à la Direction générale le 20 mai prochain au plus tard. Elle sera faite sur l'un des bordereaux qui vous parviendront en même temps que cette circulaire.

Les carnets demandés seront transmis directement aux chambres chargées de les remettre aux notaires intéressés au fur et à mesure de leurs besoins.

Le prix des carnets reçus par les chambres, y compris le montant du droit de timbre à 10 centimes et des frais de port, sera versé à la caisse du préposé qui en délivrera récépissé à talon.

§ 8. **Remise des carnets d'autorisations de payement aux notaires.** — Lors de la délivrance de chaque carnet la chambre vous en donnera avis et vous indiquera la date de la remise, le nombre et la série des numéros des autorisations qu'il contient et le nom du notaire auquel il est destiné.

De son côté, le notaire vous informera de la réception dudit carnet, de telle sorte que ces deux avis vous parviennent toujours avant qu'il soit fait usage de la première des formules.

Vous comprendrez que votre responsabilité est intéressée à ce que ces formalités soient strictement exécutées, afin qu'il ne puisse être fait un usage frauduleux d'un carnet égaré.

§ 9. **Retraits. — Avis d'émission.** — Les fonds versés par les notaires seront remboursés par les préposés qui auront reçu les

versements sur la production d'autorisations de payement délivrées par les notaires et détachées du carnet à souche et à talon dont il a été parlé au paragraphe 6. La date d'émission et la somme à payer seront écrites en toutes lettres sur ces autorisations. Elles ne mentionneront pas le nom de la personne appelée à les quittancer et se borneront à énoncer que le payement devra être effectué entre les mains de la partie désignée dans la formule d'avis (D. Art. 9).

Préalablement au remboursement des fonds, vous aurez donc à recevoir le talon de l'autorisation portant avis d'émission.

Dès que le talon vous sera parvenu, vous en détacherez la partie inférieure qui, après avoir été revêtue du timbre de la recette des finances, sera mise à la disposition de la chambre de discipline dans les mêmes conditions que les bulletins de versement.

La partie supérieure du talon vous fera connaître le numéro et le montant de l'autorisation de payement et indiquera si le retrait sera opéré par le notaire lui-même, par son fondé de pouvoir ou par une tierce personne (D. Art. 8).

§ 10. — **Parties prenantes**. — Il arrivera fréquemment que, pour s'épargner des déplacements ou pour éviter des transports de fonds, le titulaire d'un compte courant fera effectuer le retrait des sommes déposées, soit par l'un de ses clercs, soit par un client intéressé, soit enfin par toute autre personne. Les notaires qui ne résident pas au chef-lieu d'arrondissement pourront, notamment, avoir recours à un collègue ou à un tiers pour faire encaisser le montant des autorisations de payement qu'ils auront émises.

A cet effet le notaire pourra constituer un mandataire avec pouvoir d'opérer les retraits d'une manière générale. La procuration sera donnée par acte notarié ou sous seing privé ; dans ce dernier cas, la signature du titulaire ne serait soumise à la légalisation que s'il s'agissait d'un notaire étranger à l'arrondissement.

Si, au contraire, le notaire veut autoriser un payement unique à une personne désignée, il inscrira sur l'avis d'émission porté en tête du talon de l'autorisation de payement le nom de cette personne et fera apposer le type de sa signature sur ledit avis.

§ 11. Payement des autorisations de retrait. — En principe le payement doit être fait à partir du cinquième jour de la réception de l'avis d'émission ; ainsi l'avis étant parvenu au préposé le 1er du mois, le payement sera exigible dès le 5. Mais les préposés pourront ne pas considérer ce délai comme un délai de rigueur toutes les fois que la situation de leur encaisse le leur permettra.

Lors de la présentation de l'autorisation de payement à votre caisse vous devrez la rapprocher de son talon, vous assurer qu'il y a concordance entre la somme qu'elle relate et celle inscrite sur l'avis d'émission, et que le numéro qu'elle porte appartient bien à la série de numéros attribuée au carnet délivré au notaire titulaire du compte courant.

La quittance sera donnée par la personne désignée dans l'avis d'émission.

Si elle est souscrite par un mandataire, la procuration sera annexée à la première autorisation de payement ainsi quittancée. Les avis d'émission des autorisations de payement qui seront délivrées postérieurement rappelleront la date de la procuration. Cette indication, que vous compléterez par le numéro de l'autorisation à laquelle la procuration aura été jointe, tiendra lieu de mention de référence.

§ 12. Délai de validité des autorisations de payement. — Les autorisations de payement ne sont valables que pendant les 30 jours qui suivent la date où l'avis vous est parvenu. Le porteur est averti de cette disposition par le texte même de l'autorisation. Ce délai expiré, l'avis et l'autorisation sont considérés comme nuls et et vous aurez à renvoyer au notaire la partie du talon portant avis (D. Art. 10).

§ 13. **Ecritures**. — Le compte courant ouvert à chaque notaire sera tenu conformément au modèle n° 4 donné à la suite de la circulaire du 24 décembre 1889.

Les dépôts et retraits de fonds seront constatés à un compte intitulé : *Notaires, L/C de dépôts,* qui figurera sur les avis décadaires, relevés mensuels, états détaillés des récépissés, états récapitulatifs des recettes et dépenses (modèles n°s 3, 7, 8, 11, 13 et 14 de l'Instruction du 15 octobre 1877) à la suite du compte : *Séquestres ou autres mandataires de justice, L/C de dépôts.*

Le montant du prix des carnets d'autorisations de payement sera porté au compte « *Établissements publics ou autres établissements assimilés L/C de dépôts.* »

§ 14. **Bordereaux mensuels**. — Les recettes donneront lieu, chaque mois, pour les dépôts, à l'établissement d'un bordereau détaillé spécial (modèle n° 2. — Circulaire du 24 décembre 1889), auquel seront annexés les talons de récépissés comme pièces justificatives.

Le prix des carnets figurera sur le bordereau des versements faits au compte « *Établissements publics ou autres établissements assimilés L/C de dépôts* » ; les talons de récépissés correspondants seront produits à l'appui de ce bordereau.

Les remboursements de dépôt seront justifiés par les autorisations de payement dûment quittancées auxquelles seront annexés les avis d'émission, les procurations et autres pièces, s'il y a lieu. Pour les frais d'envoi des bulletins de versements et de retraits, les quittances motivées signées du préposé serviront de justifications.

Ces pièces seront jointes à un bordereau détaillé spécial conforme au modèle n° 3 donné à la suite de la Circulaire du 24 décembre 1889.

§ 15. **Documents à transmettre en fin d'année**. — A la fin de chaque année les préposés établiront, dans la forme du modèle n° 4 annexé à la circulaire du 24 décembre 1889, un extrait du compte courant de chaque notaire, arrêté en capital et intérêts au 31 décembre précédent ou soldé pendant l'année.

Ces extraits seront adressés à la Direction générale, par les Trésoriers-Payeurs généraux, en un seul envoi qui devra parvenir le 25 janvier au plus tard. Ils seront accompagnés d'une balance (modèle n° 3), en double expédition, reproduisant les résultats des comptes individuels. Les totaux des balances dressées pour chaque arrondissement de sous-préfecture seront récapitulés sur celle de l'arrondissement chef-lieu dont les totaux des versements faits pendant l'année (col. 4) et des dépenses (col. 7), devront concorder exactement avec les opérations constatées dans les écritures de la Trésorerie générale.

Après vérification, les extraits de comptes certifiés conformes aux écritures de la Caisse des dépôts et consignations seront transmis par elle aux chambres de discipline qui les feront parvenir aux notaires intéressés. Une expédition de la balance sera renvoyée aux préposés.

§ 16. Communication des comptes courants aux chambres dans le courant de l'année. — Si, dans le courant de l'année, la chambre de discipline avait besoin de recevoir communication du compte courant d'un notaire, vous devriez satisfaire immédiatement à sa demande (D. art. 14.)

§ 17. Pièces à fournir en cas de cession ou de vacance d'un office. — En cas de cession d'un office, si le cédant demande le transport au compte de son successeur de partie ou de la totalité du solde de son compte courant, cette opération s'effectuera au moyen d'un retrait de fonds et d'un versement à nouveau faits dans la forme ordinaire, c'est-à-dire sur la remise d'une autorisation de payement délivrée par le cédant et d'un bulletin de versement établi par le nouveau titulaire.

Lorsqu'un office deviendra vacant par suite du décès ou pour toute autre cause, les dépôts faits par l'ancien titulaire seront, à défaut de tout empêchement, à la disposition du notaire commis par justice pour gérer l'office ou des héritiers ; vous aurez à examiner, sauf à m'en référer en cas de difficultés, les pièces remises en vue de justifier des qualités des réclamants.

§ 18. Réception et remboursement des dépôts par les percepteurs préposés de la Caisse des dépôts. — Aux termes de l'article 1er du décret du 2 février 1890, les dépôts de fonds de notaires sont reçus par les préposés de la Caisse des dépôts *dans chaque arrondissement.*

Les percepteurs qui remplissent les fonctions de préposés à la Caisse des dépôts et consignations, dans les arrondissements où la Recette particulière des finances a été supprimée, devront donc assurer l'exécution des instructions qui précèdent au même titre que les Receveurs particuliers des finances.

Les recettes effectuées par les percepteurs seront constatées dans leurs écritures, conformément aux dispositions de la circulaire du 23 août 1888. Les récépissés à talon délivrés par ces comptables seront enregistrés sur un carnet (modèle nᵒ 4) sur lequel figureront également les autres recettes effectuées au compte de la Caisse des dépôts, en exécution de la circulaire précitée.

En ce qui concerne les dépenses, le payement des sommes comprises dans les autorisations délivrées par les notaires, pour opérer le retrait des sommes déposées à leurs comptes, ne présentera généralement aucune des difficultés qui se rencontrent dans le remboursement des consignations judiciaires ou administratives et en vue desquelles il a été prescrit aux percepteurs de ne procéder au remboursement des sommes consignées qu'après autorisation de leur chef de service. Il paraît donc possible de laisser ces comptables effectuer le payement du montant des autorisations émises par les notaires, sans réclamer préalablement le visa de leur chef de service. Si, dans des cas particuliers ou par suite de production de pièces justificatives, les percepteurs étaient conduits à réclamer, avant payement, l'autorisation du comptable supérieur sous la direction duquel ils sont placés, la réponse à cette communication devrait être faite d'urgence, afin qu'aucun retard ne soit apporté dans le règlement de l'opération.

§ 19. **Commissions.** — Je vous ferai connaître prochainement les bases de la commission qui sera allouée aux préposés pour les rémunérer des nouvelles obligations qui résultent de l'application des décrets des 30 janvier et 2 février 1890.

Afin que communication de la présente circulaire puisse être donnée aux chambres de discipline des notaires, j'en adresse à chaque Trésorier-Payeur général quatre exemplaires pour le service du chef-lieu et deux exemplaires pour chacun des préposés des arrondissements.

Agréez, Monsieur, l'assurance de ma considération très distinguée.

Le Directeur général,

LABEYRIE.

ANNEXE N° 1

DÉCRET DU 30 JANVIER 1890

RÉPUBLIQUE FRANÇAISE

Le Président de la République française,

Sur le rapport du Garde des sceaux, Ministre de la justice et des cultes ;
Vu la loi du 25 ventôse an XI et l'ordonnance du 4 janvier 1843 ;
Vu l'ordonnance du 24 décembre 1839 ;
Vu l'avis du Ministre des finances et de la commission de surveillance de la Caisse des dépôts et consignations, en date des 26 novembre et 20 décembre 1888 ;
Le Conseil d'État entendu,

Décrète :

ARTICLE PREMIER

. . . .

Art. 2.

Les notaires ne peuvent conserver durant plus de six mois les sommes qu'ils détiennent pour le compte de tiers, à quelque titre que ce soit.

Toute somme qui, avant l'expiration de ce délai, n'a pas été remise aux ayant droit sera versée par le notaire à la Caisse des dépôts et consignations.

Toutefois les notaires peuvent conserver ces fonds pour une nouvelle période n'excédant pas six mois, sur la demande écrite des parties intéressées.

La demande ne peut être adressée au notaire que dans le mois précédant l'expiration du délai fixé au paragraphe 1er.

Les notaires doivent donner immédiatement avis à la chambre de la demande qui leur aura été adressée.

Art. 3.

. . . .

Art. 16.

Les dispositions relatives au dépôt des fonds et à la comptabilité seront exécutoires à partir du 1er juillet 1890.

Celles des articles 8, 9 et 10 du présent décret seront exécutoires, pour les chambres de discipline, à partir du 1er janvier 1891.

Art. 17.

Il sera pourvu, d'accord avec le Ministre des finances, au règlement des formalités spéciales nécessaires pour le dépôt et pour le retrait des sommes déposées à la Caisse des dépôts et consignations en vertu de l'article 2 du présent décret.

Art. 18.

. . . .

Paris, le 30 janvier 1890.

Signé : CARNOT.

Par le Président de la République :

Le Garde des Sceaux, Ministre de la Justice et des Cultes,

Signé : THÉVENET.

ANNEXE N° 2°

DECRET DU 2 FÉVRIER 1890

RÉPUBLIQUE FRANÇAISE

Le Président de la République française,

Sur le rapport du Garde des sceaux, Ministre de la justice et des cultes, et du Ministre des finances;

Vu le décret du 30 janvier 1890, complétant l'ordonnance du 4 janvier 1843 sur le notariat, notamment les articles 2 et 17 ainsi conçus :

« Art. 2. Les notaires ne peuvent conserver durant plus de six mois les sommes qu'ils détiennent pour le compte de tiers, à quelque titre que ce soit. Toute somme qui, avant l'expiration de ce délai, n'a pas été remise aux ayant droit, sera versée par le notaire à la Caisse des dépôts et consignations. Toutefois, les notaires peuvent conserver ces fonds pour une nouvelle période n'excédant pas six mois, sur la demande écrite des parties intéressées. La demande ne peut être adressée au notaire que dans le mois précédant l'expiration du délai fixé au paragraphe Ier. Les notaires doivent donner immédiatement avis à la Chambre de la demande qui leur aura été adressée.

« Art. 17. Il sera pourvu, d'accord avec le Ministre des finances, au règlement des formalités spéciales nécessaires pour le dépôt et pour le retrait des sommes déposées à la Caisse des dépôts et consignations en vertu de l'article 2 du présent décret; »

Vu l'ordonnance du 24 décembre 1839 ;

Vu l'avis de la commission de surveillance de la Caisse des dépôts et consignations, en date du 15 janvier 1890 ;

Les sections de législation, de la justice et des affaires étrangères, des finances, des postes et télégraphes, de le guerre, de la marine et des colonies du Conseil d'État entendues,

Décrète :

CHAPITRE 1er

DES VERSEMENTS

Art. 1er.

Les sommes que les notaires, en vertu de l'article 2 du décret du 30 janvier 1890, versent à la Caisse des dépôts, sont reçues à Paris et dans le département de la Seine, à la Caisse générale, et dans les départements, par les préposés de la Caisse pour l'arrondissement dans lequel les notaires ont leur résidence. Toutefois, la Chambre de discipline pourra autoriser un notaire à effectuer ses versements dans un arrondissement voisin.

Art. 2.

Chaque versement est accompagné de la remise par le déposant au préposé de la Caisse des dépôts d'un bulletin destiné à la chambre de discipline et mentionnant l'affaire ou les affaires donnant lieu au versement. Cette mention est uniformément conçue dans les termes suivants : « Affaire N... »

La Caisse des dépôts demeure étrangère aux indications et mentions portées sur les bulletins de versement ; elle ne les relate ni dans ses écritures, ni dans les récépissés qu'elle délivre aux parties versantes. Elle reçoit ces bulletins pour les remettre à la chambre de discipline dont relève le notaire.

Art. 3.

Chaque versement donne lieu à la délivrance d'un récépissé à talon, établi au nom du notaire déposant dans les conditions déterminées par les articles 1 et 7 de la loi du 24 avril 1833.

CHAPITRE II

DES RETRAITS

ART. 4.

Les fonds versés par les notaires sont remboursés par les préposés de la Caisse des dépôts qui ont reçu les versements sur la production d'autorisations de payements délivrées par les notaires et à la suite d'avis préalables adressés aux préposés dans un délai déterminé par les arrêtés du directeur général prévus à l'article 13 ci-après, et qui ne pourra excéder cinq jours.

ART. 5.

Les autorisations sont détachées d'un carnet à souche et à talon. Elles y sont comprises entre la souche et le talon. Une suite continue de numéros est imprimée sur les souches, sur les autorisations et sur les deux parties des talons prévues à l'article 8 ci-après.

ART. 6.

Ces autorisations sont délivrées par le notaire titulaire du compte courant : elles sont quittancées en présence du comptable chargé du payement, soit par le notaire, soit par son fondé de procuration, soit par la personne dont il a spécialement accrédité la signature pour un retrait déterminé.

ART. 7.

Le notaire qui délivre une autorisation de payement reproduit à la souche les indications qui figurent dans cette autorisation. Il y ajoute la mention de l'affaire ou des affaires donnant lieu au retrait.

ART. 8.

Le talon de l'autorisation de payement est divisé horizontalement en deux parties.

La première renferme la formule de l'avis préalable à adresser au préposé de

la Caisse. Cette formule indique si le paiement sera réclamé par le notaire lui-même, par son fondé de pouvoir ou par une tierce personne dont, dans ce cas, elle accrédite la signature.

La seconde partie du talon, dite bulletin de retrait, mentionne la date de l'avis et la somme qu'il concerne. Le talon comprenant l'avis et le bulletin de retrait est remis au préposé de la caisse, dans les délais réglementaires, par les soins du notaire qui veut effectuer le retrait.

Les bulletins de retrait, séparés des avis, sont mis par la Caisse des dépôts à la disposition de la chambre de discipline dans les conditions prévues, pour les bulletins de versement, à l'art. 2 du présent décret.

Art. 9.

Les autorisations de payement ne mentionnént pas le nom de la personne appelée à les quittancer ; elles se bornent à énoncer que le payement devra être effectué entre les mains de la partie désignée dans la formule d'avis.

Art. 10.

Les autorisations de payement ne sont valables que pendant les trente jours qui suivent la date où l'avis est parvenu à la Caisse. Cette clause est insérée dans le texte des autorisations.

Lorsqu'une autorisation n'est pas présentée dans ce délai de trente jours, l'avis et l'autorisation sont considérés comme nuls. La partie du talon portant avis est renvoyée au notaire.

Art. 11.

Le carnet à souche des autorisations de payement est établi conformément au modèle arrêté par le directeur général de la Caisse des dépôts. Il est fourni, à charge de remboursement, par la Caisse des dépôts. Il est remis, par les soins de la chambre de discipline, au notaire intéressé, qui ne peut être détenteur que d'un seul carnet à la fois.

Le nom du notaire et le numéro de son compte courant sont reproduits à l'encre grasse sur la souche, sur l'autorisation de payement et sur les deux parties du talon.

Le sceau de la chambre de discipline est apposé à la souche sur chaque page du carnet.

La chambre de discipline fait connaître à la Caisse la date de la remise de chaque carnet ainsi que le nombre et la série des numéros des autorisations contenues dans le carnet.

CHAPITRE III

DU COMPTE COURANT

ART. 12.

La Caisse des dépôts tient un compte spécial au nom de chaque notaire déposant. Ce compte est réglé, en capital et intérêts, au 31 décembre de chaque année.

Les intérêts annuels sont capitalisés à cette date. Dans le courant de l'année ils ne sont liquidés et payés que sur demande spéciale et pour un compte soldé intégralement.

ART. 13.

Les conditions des comptes courants ouverts aux notaires qui ne sont pas prévues au présent décret et, en particulier, les délais d'avis préalable et le taux de l'intérêt bonifié sont déterminés par des arrêtés du directeur général de la Caisse des dépôts, pris après avis de la commission de surveillance et soumis à l'approbation de ministre des finances.

ART. 14.

Un extrait de son compte courant, arrêté le 31 décembre précédent, est transmis dans les deux premiers mois de l'année à chaque notaire, par l'intermédiaire de la chambre de discipline de l'intéressé.

La caisse doit donner à toute époque communication du compte courant d'un notaire à la chambre de discipline.

ART. 15.

Les dispositions du présent décret sont applicables à partir du 1er juillet 1890.

Art. 16.

Le Garde des sceaux, Ministre de la justice et des cultes, et le ministre des finances sont chargés, chacun en ce qui le concerne, de l'exécution du présent décret, qui sera inséré au *Bulletin des lois* et publié au *Journal officiel*.

Fait à Paris, le 2 février 1890.

.Signé : CARNOT.

Par le Président de la République :

Le Garde des sceaux
Ministre de la justice et des cultes,
Signé : THÉVENET.

Le Ministre des finances,
Signé : ROUVIER.

RÉCÉPISSÉ

concernant le service de la Caisse des dépôts et consignations

NOTAIRES, L/C DE DÉPÔTS

DÉPARTEMENT
d
—

ARRONDISSEMÉNT
d
—

No
DU RÉCÉPISSÉ
—

Loi du 24 avril 1833.

ART. 1er. Tout versement en numéraire ou autres valeurs, fait aux caisses des receveurs généraux et particuliers des finances pour un service public, donnera lieu à la délivrance immédiate d'un récépissé à talon.

Ce récépissé sera libératoire et formera titre envers le Trésor public, à la charge toutefois, par la partie versante, de le faire viser et séparer de son talon, dans les vingt-quatre heures de sa date, par les fonctionnaires chargés de ce contrôle.

ART. 7. Les dispositions de l'article 1er de la présente loi sont applicables à la Caisse des dépôts et consignations.

NUMÉRAIRE. F.

Je soussigné, Receveur des finances de l'arrondissement de

reconnais avoir reçu de Me ,

notaire à la somme

de

à porter au crédit de son compte courant.

Ce 18

Le Receveur des Finances,

VISÉ par nous, Préfet.

Ce 18 .

No du registre de la Préfecture.

CAISSE DES DÉPÔTS ET CONSIGNATIONS

TALON DE RÉCÉPISSÉ

MODÈLE No 1.
—

concernant le service de la Caisse des dépôts et consignations.

CIRCULAIRE
du 21 avril 1890.

NOTAIRES L/C DE DÉPÔTS

DÉPARTEMENT d

ARRONDISSEMENT D

No du récépissé.

NUMÉRAIRE : F.

Reçu de Me

notaire à

la somme de

à porter au crédit de son compte courant.

Ce 18 .

Le Receveur des finances,

VISÉ par nous, Préfet.

Ce 18 .

No du registre de la préfecture.

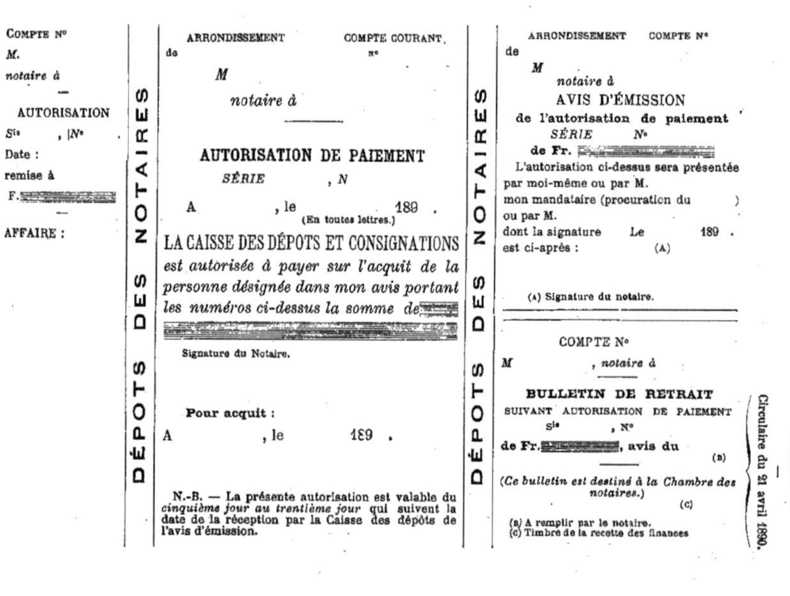

COMPTE N°

M.

notaire à

—

AUTORISATION

S^ie   , |N°

Date :

remise à

F.

—

AFFAIRE :

DÉPOTS DES NOTAIRES

ARRONDISSEMENT   COMPTE COURANT,
de   N°

M

notaire à

AUTORISATION DE PAIEMENT

SÉRIE   , N

A   , le   189 .
(En toutes lettres.)

LA CAISSE DES DÉPOTS ET CONSIGNATIONS
*est autorisée à payer sur l'acquit de la
personne désignée dans mon avis portant
les numéros ci-dessus la somme de*

Signature du Notaire.

Pour acquit :

A   , le   189 .

N.-B. — La présente autorisation est valable du
cinquième jour au trentième jour qui suivent la
date de la réception par la Caisse des dépôts de
l'avis d'émission.

DÉPOTS DES NOTAIRES

ARRONDISSEMENT   COMPTE N°
de

M

notaire à

AVIS D'ÉMISSION
de l'autorisation de paiement
SÉRIE   N°
de Fr.

L'autorisation ci-dessus sera présentée
par moi-même ou par M.
mon mandataire (procuration du   )
ou par M.
dont la signature   Le   189 .
est ci-après :   (A)

(A) Signature du notaire.

COMPTE N°

M   , *notaire à*

BULLETIN DE RETRAIT
SUIVANT AUTORISATION DE PAIEMENT
S^ie   , N°
de Fr.   , avis du
(B)

*(Ce bulletin est destiné à la Chambre des
notaires.)*
(C)

(B) A remplir par le notaire.
(c) Timbre de la recette des finances

— 22 —

Circulaire du 21 avril 1890.

MODÈLE N° 2.

DÉPARTEMENT

d

ARRONDISSEMENT

d

BALANCE

au 31 décembre 18 , des comptes courants des notaires
à la Caisse des dépôts et consignations.

Format tellière

MODÈLE N° 3

Circulaire du 21 avril 1890

N° DES COMPTES	DÉSIGNATION DES COMPTES	RECETTES				DÉPENSES	SOLDES au 31 décemb. 189 .	Observations
		SOLDE au 31 décemb. précédent	VERSEMENTS faits pendant l'année	INTÉRÊTS liquidés	TOTAL			
1	2	3	4	5	6	7	8	9
	TOTAUX.....							

A   , le   189 .

Le Receveur des finances,

Certifié conforme aux écritures de la Direction générale :
Le Chef de la 2e division,

DÉPARTEMENT

d ———

PERCEPTION

d ———

MODÈLE N° 4

———

Circulaire du 21 avril 1890

CARNET D'ENREGISTREMENT

des récépissés délivrés pour les recettes effectuées au titre

de la Caisse des dépôts et consignations.

NUMÉROS DES RÉCÉPISSÉS	DATES des RECETTES	NOM DE LA PARTIE versante	NATURES DES RECETTES	SOMMES VERSÉES	TOTAL PAR JOUR	NUMÉROS des QUITTANCES à souche	Observations

9 782014 050165